四川省地方标准

机制砂桥梁高性能混凝土技术规程

Technical Specification for Manufactured Sand
Bridge High Performance Concrete

DB51/T 1995 – 2015

主编单位：四川省交通运输厅公路规划勘察设计研究院
批准部门：四 川 省 质 量 技 术 监 督 局
施行日期：２０１５ 年 １０ 月 １ 日

西南交通大学出版社

2015　成　都

图书在版编目（CIP）数据

机制砂桥梁高性能混凝土技术教程 / 四川省交通运输厅公路规划勘察设计研究院主编. —成都：西南交通大学出版社，2015.10
（四川省地方标准）
ISBN 978-7-5643-4335-4

Ⅰ. ①机… Ⅱ. ①四… Ⅲ. ①桥梁结构 – 混凝土结构 – 规程 – 四川省 Ⅳ. ①U448.33-65

中国版本图书馆 CIP 数据核字（2015）第 233092 号

四川省地方标准
机制砂桥梁高性能混凝土技术教程
主编单位　四川省交通运输厅公路规划勘察设计研究院

责 任 编 辑	姜锡伟
封 面 设 计	墨创文化
出 版 发 行	西南交通大学出版社 （四川省成都市金牛区交大路 146 号）
发行部电话	028-87600564　028-87600533
邮 政 编 码	610031
网　　　址	http://www.xnjdcbs.com
印　　　刷	成都蜀通印务有限责任公司
成 品 尺 寸	140 mm × 203 mm
印　　　张	1.5
字　　　数	29 千
版　　　次	2015 年 10 月第 1 版
印　　　次	2015 年 10 月第 1 次
书　　　号	ISBN 978-7-5643-4335-4
定　　　价	24.00 元

图书如有印装质量问题　本社负责退换
版权所有　盗版必究　举报电话：028-87600562

前 言

根据桥梁工程建设实际需要,结合四川省交通科研项目"机制砂混凝土高性能化技术及工程应用研究"等研究成果,编制组制订了《机制砂桥梁高性能混凝土技术规程》。

本规程主要技术内容包括:总则、术语、原材料、配合比设计、施工和质量验收等内容。

本规程由四川省质量技术监督局审查批准〔四川省地方标准公告 2015 发字第 4 号(总第 42 号)〕,四川省交通运输厅负责管理,四川省交通运输厅公路规划勘察设计研究院负责具体技术内容的解释。在执行过程中如有意见和建议,请寄送四川省交通运输厅公路规划勘察设计研究院(地址:成都市武侯祠横街 1 号;邮编:610041)。

主 编 单 位：四川省交通运输厅公路规划勘察设计研究院
参 编 单 位：武汉理工大学
　　　　　　西华大学
　　　　　　四川交投建设工程股份有限公司
主要起草人：牟廷敏　周孝军　梁远博　范碧琨
　　　　　　王潇碧　周永军　苏俊臣
主 审 人：丁庆军　庄卫林

目 录

1 范 围 ·· 1
2 规范性引用文件 ······································ 2
3 总 则 ·· 3
4 术 语 ·· 5
5 原材料 ··· 9
  5.1 外加剂 ·· 9
  5.2 轧制生产 ·· 12
  5.3 技术指标 ·· 15
  5.4 其他原材料 ····································· 19
6 配合比设计 ··· 20
  6.1 一般规定 ·· 20
  6.2 指标要求 ·· 21
  6.3 配合比设计 ····································· 25
  6.4 试配与调试 ····································· 33
7 施 工 ··· 38
8 质量验收 ·· 41

1 范围

本规程规定了机制砂桥梁高性能混凝土术语、原材料、配合比设计、施工和质量验收等。

本规程适用于桥梁工程中机制砂高性能混凝土设计、制备、施工、养护与质量验收。

2 规范性引用文件

下列文件对于本文件的应用是必不可少的。凡是注日期的引用文件，仅所注日期的版本适用于本文件。凡是不注日期的引用文件，其最新版本（包括所有的修改单）适用于本文件。

GB 50119　《混凝土外加剂应用技术规范》

GB 50164　《混凝土质量控制标准》

GB 50204　《混凝土结构工程施工质量验收规范》

GB/T 8076　《混凝土外加剂》

GB/T 14684　《建设用砂》

GB/T 50080　《普通混凝土拌合物性能试验方法标准》

GB/T 50082　《普通混凝土长期性能和耐久性能试验方法标准》

GB/T 50476　《混凝土结构耐久性设计规范》

JTG F80/1　《公路工程质量检验评定标准》

JTG/T F50　《公路桥涵施工技术规范》

3 总　则

3.0.1 为保证机制砂桥梁高性能混凝土的品质，满足混凝土拌合物的工作性能和构件的力学性能、耐久性能要求，做到技术先进、经济合理、安全适用，特制订本规程。

3.0.2 本规程适用于桥梁工程机制砂高性能混凝土制备和生产过程中的技术要求、质量控制和检查验收。

3.0.3 使用的机制砂应具有专项检测报告和抽检报告，原材料之间应进行适应性试验。

条文说明：

机制砂生产的质量检验除自检、使用单位抽检外，应委托第三方开展专项检查；建立石粉利用或废弃的专项技术措施。

3.0.4 制备和生产机制砂桥梁高性能混凝土，除应执行本规程外，尚应符合国家和行业现行有关标准、规范的规定，并应满足设计文件的要求。

条文说明：

机制砂桥梁高性能混凝土配合比设计应符合《混凝土结构耐久性设计规范》（GB/T 50476）、《公路桥涵施工技术规范》（JTG/T F50）中的有关规定；机制砂桥梁高性能混凝土的试验方法应符合《普通混凝土拌合物性能试验方法标准》（GB/T 50080）、《普通混凝土长期性能和耐久性能试验方法标准》（GB/T 50082）、《建设用砂》（GB/T 14684）中的有关规定；机制砂桥梁高性能混凝土生产和施工的质量控制应符合《混凝土质量控制标准》（GB 50164）、《公路桥涵施工技术规范》（JTG/T F50）中的有关规定；机制砂桥梁高性能混凝土工程验收应符合《混凝土结构工程施工质量验收规范》（GB 50204）、《公路工程质量检验评定标准》（JTG F80/1）中的有关规定；机制砂桥梁高性能混凝土的外加剂应符合现行国家标准《混凝土外加剂》（GB/T 8076）、《混凝土外加剂应用技术规范》（GB 50119）中的有关规定。

4 术 语

4.0.1 机制砂

岩石、卵石（不包括软质岩、风化岩石）检验合格后经采集、机械破碎、筛分等加工，制成粒径小于 4.75 mm 的符合级配要求的集料称机制砂。

4.0.2 机制砂桥梁高性能混凝土

通过机制砂、胶凝材料、粗集料、外加剂和水等材料合理的组成设计，制备的具有满足桥梁构件要求的力学性能、高工作性能、高体积稳定性能和高耐久性能的混凝土，统称为机制砂桥梁高性能混凝土。

4.0.3 石粉含量

机制砂中粒径小于 0.075 mm 的颗粒称为石粉，石粉占机制砂的质量百分比称为石粉含量。

4.0.4 泥块含量

机制砂中粒径大于 1.18 mm 的颗粒，经水浸洗、手捏后变成粒径小于 0.6 mm 的颗粒含量。

4.0.5 亚甲蓝 MB 值

判定机制砂中粒径小于 0.075 mm 颗粒的吸附性能的指标。

4.0.6 压碎指标

用于检验机制砂在自然风化和其他外界物理化学因素作用下，抵抗破裂的能力及控制其颗粒形状的技术指标。

4.0.7 机制砂碱-集料反应

指水泥、矿物掺合料、外加剂、环境中的碱（Na_2O 和 K_2O）与机制砂中碱活性矿物成分，在潮湿环境下缓慢发生并导致混凝土破坏的膨胀反应。

4.0.8 粉体材料

机制砂混凝土组成材料中胶凝材料与石粉的总称。

4.0.9 额定粉体材料用量

额定粉体材料用量是指所制备的各强度等级混凝土达到良好的工作性能，同时满足设计要求的力学性能、体积稳定性能和耐久性能时，需要的粉体材料总体用量。

条文说明：

以各强度等级混凝土的工作性能为基准，对粉体材料各组分用量进行设计时，各强度等级的混凝土要达到基本一致的工作性能，粉体材料总用量应为额定值，即额定粉体材料用量。由于原材料性质的变化、设计要求（强度等级、砂率等）和环境因素的差别等，额定粉体材料用量可在一定范围内取值。

当水泥用量低时，可适当提高矿物掺合料用量、放宽机制砂中石粉含量的限值和砂率；当水泥用量较高时，宜减少矿物掺合料的用量、控制石粉含量和砂率，避免导致混凝土过于粘稠或影响体积稳定性和耐久性。额定粉体材料相互间的物理意义，可用数学模型（4.0.9）表示。

$$\frac{1}{C}+\frac{1}{F}+\frac{1}{G}=1 \qquad (4.0.9)$$

式中：C——水泥用量；

F——粉煤灰、硅灰等矿物掺合料含量；

G——机制砂中的石粉含量。

5 原材料

5.1 外加剂

5.1.1 机制砂桥梁高性能混凝土应采用聚羧酸类减水剂，其减水率应大于 25%；不应采用含有加速钢筋锈蚀的早强组分的减水剂。

5.1.2 采用石粉含量小于 3% 的机制砂制备 C40 以下强度等级的混凝土时，宜在外加剂复配时掺入适量增粘组分，如纤维素醚、麦芽糊精、黄原胶等，其使用种类和掺量应根据试验确定。

条文说明：

采用石粉含量小于 3% 的机制砂配制 C40 以下强度等级的混凝土，由于胶凝材料用量较低，混凝土粘聚性差，易出现离析、泌水，因此，在外加剂中掺入增粘组分（包括纤维素醚、麦芽糊精、黄原胶等），以提高混凝土拌合物的包裹性能，其使用种类和掺量应根据试验确定。

5.1.3 机制砂石粉含量超过15%（MB<1.4）时，不宜用于制备C40及以上强度等级的高性能混凝土。当机制砂石粉含量为7%~15%时，制备C40及以上强度等级的混凝土时，宜优化减水剂掺量、掺入降粘组分和引气组分。

条文说明：

机制砂石粉含量超过15%时，制备C40及以上强度等级的高性能混凝土，其粘聚性大、流动性差、收缩量大、耐久性差，因此不宜采用。当机制砂石粉含量为7%~15%时，混凝土拌合物粘稠度过大、坍落度损失过高，施工困难，因此宜优化减水剂掺量、掺入降粘组分和引气组分，降低拌合物粘度，提高流动性。

5.1.4 机制砂采用的高性能减水剂，应通过合成技术实现高效减水、保塑增韧、减缩等复合功能，并应与机制砂之间有良好的相容性。

条文说明：

复配而成的高效减水、保塑增韧、减缩等复合功能的外加剂，稳定性差，易出现分层，导致混凝土工作性能不稳定。采用合成技术生产的高效减水、保塑增韧、减缩等复合功能减水剂，其稳定性好，生产的混凝土性能均匀。通过对聚羧酸系减水剂的聚醚组分进行分子链结构和密度的改变，实现高效减水、保塑增韧和减缩的复合减水剂，其稳定性更好，混凝土质量更稳定。

5.1.5 外加剂掺量应根据施工环境、运输方式、浇筑方法、原材料性能等因素通过试验确定，并应根据各因素的变化及时调整。

条文说明：

桥梁工程的施工周期较长，温度、湿度变化大，运输方式有罐车运输、手推车运输，浇筑方法有泵送浇筑、吊斗浇筑和罐车自卸浇筑，水泥、矿物掺合料等生产批次不同，砂、石含水率及级配存在较大幅度的变化，对混凝土拌合物的工作性能影响较大。因此，应根据这些因素的变化及时调整外加剂的掺量，以保证混凝土工作性能满足施工要求。

5.2 轧制生产

5.2.1 机制砂制砂场应选择在覆盖土层薄、夹层含泥少、母岩强度高、岩石整体性好、数量供应充足的场地。宜采用洁净、质地坚硬、无软弱颗粒及无风化石的石灰岩、白云岩、花岗岩、石英岩、辉绿岩和玄武岩等岩石生产机制砂，不宜采用泥岩、页岩、板岩等岩石生产机制砂。

5.2.2 石料场确定后，应清除表面覆盖土层或软弱风化层，设置排水沟和截水沟，并制订岩石开采方案。

条文说明：

清除岩体表面及周边覆盖土层或软弱风化层，在料场周边设置排水沟和截水沟，避免开采过程中泥土、风化岩、树根、草皮等杂物冲入制料场，影响原材料的质量。

5.2.3 采用卵石轧制机制砂，应选择岩性稳定、母料强度高和杂物含量低的卵石，采集卵石过程中应防止河流漂浮物、河道泥土、劣质砾石等杂物混入。

5.2.4 用于生产机制砂的母料,不宜具有潜在的碱-集料反应活性。否则,应采取防止碱-集料反应的对策措施。

条文说明:

用于生产机制砂的岩石和卵石不可避免地存在碱-集料反应活性,当工程需求量大,周边原材料供应不足,不得不采用这种母料生产机制砂时,应采用低碱水泥,掺加粉煤灰、粒化高炉矿渣或硅灰,选用抑制碱-集料反应的外加剂等措施,避免混凝土发生碱-集料反应破坏。

5.2.5 轧制机制砂的母料的饱和抗压强度与混凝土设计强度等级之比不应小于1.25,母料的饱和抗压强度不应小于50 MPa。

5.2.6 机制砂的轧制过程应为岩石(或卵石)→粗粒径碎石→中粒径碎石→细粒径碎石的多级轧制破碎过程;粗粒径碎石轧制设备宜采用颚式破碎机,中粒径碎石轧制设备宜采用反击式破碎机或圆锥式破碎机,细粒径碎石轧制设备宜选用冲击式破碎机或棒磨机。

条文说明:

细粒径碎石轧制设备宜选用冲击式破碎机或棒磨机,

而不宜采用单纯的锤式或对辊式破碎机。

5.2.7 机制砂应经过水洗筛分或干燥筛分，其石粉含量和级配范围应满足要求。

条文说明：

干燥筛分法利用干筛或旋风式设备收尘，可控制机制砂中石粉含量在 7%～15%。水洗筛分法采用轮式洗砂机水洗，可控制机制砂中石粉含量在 5% 以下，其设备简单、成本低廉。

5.2.8 机制砂运至拌合站后应按规格、分级堆放，堆放高度不宜超过 5 m。堆放场地应设置遮雨棚，地面应设置排水沟并硬化处理。

条文说明：

应在机制砂堆放场地上方设置遮雨棚，控制机制砂含水量，防止雨水冲淋、污染机制砂，并应在硬化处理的地面及周边设置排水沟，排水沟上设置过滤器，及时排出雨水及积水，保证机制砂质量稳定。

5.3 技术指标

5.3.1 机制砂按技术要求分为Ⅰ级、Ⅱ级和Ⅲ级。C60强度等级的混凝土宜选用Ⅰ级砂，C30～C55强度等级的混凝土宜选用Ⅱ级砂，C30以下强度等级的混凝土可选用Ⅲ级砂。

5.3.2 机制砂分为粗砂、中砂，粗砂细度模数为3.7～3.1，中砂细度模数为3.0～2.3。

5.3.3 机制砂的级配应满足下列要求：

1 机制砂的级配宜符合表5.3.3的规定，各级累计筛余量超出值总和不宜大于5%。

2 当采用机制砂的颗粒级配不符合表5.3.3的要求时，宜采取粗细级配不同的机制砂混合掺配、优选外加剂、优化胶凝材料用量、改进集料组成设计的技术路线，通过试验验证合格后，方可使用。

3 配制混凝土时，宜优先选用Ⅱ区砂。当采用Ⅰ区砂时，宜提高砂率和胶凝材料用量。

表 5.3.3 机制砂的颗粒级配区

方孔筛筛孔边长尺寸（mm）		9.50	4.75	2.36	1.18	0.60	0.30	0.15
累计筛余（%）	Ⅰ区	0	10~0	35~5	65~35	85~71	95~80	97~80
	Ⅱ区	0	10~0	25~0	50~10	70~41	92~70	95~75
	Ⅲ区	0	10~0	15~0	25~0	40~16	85~55	95~70

5.3.4 机制砂的泥块含量和石粉含量宜符合表 5.3.4 的规定。

表 5.3.4 机制砂中泥块含量和石粉含量限值

项 目		指 标		
		Ⅰ级	Ⅱ级	Ⅲ级
泥块含量（按质量计，%）		≤0	≤1.0	≤2.0
石粉含量（按质量计，%）	MB<1.40 或合格	≤5.0	≤7.0	≤10.0
	MB≥1.40 或不合格	≤1.0	≤3.0	≤5.0

5.3.5 当机制砂石粉含量为 10%~15% 时,可采取下列技术路线,控制石粉含量不超过 10%:

1 用低石粉含量的机制砂掺配到高石粉含量的机制砂中。

2 用天然的中粗砂掺配到高石粉含量的机制砂中。

3 不宜在机制砂中掺入天然细砂。

4 当机制砂石粉含量仍无法满足 10% 的要求时,宜按 6.4.2 条的规定进行混凝土工作性能的调整。

条文说明:

低石粉含量机制砂或天然的中粗砂掺配到高石粉含量机制砂中,是为了控制石粉含量低于 10%,同时掺配后混合砂的级配应满足级配范围要求。天然细砂含泥量一般较大,掺入机制砂中将提高含泥量,影响混凝土的耐久性能和工作性能。

5.3.6 机制砂中如含有云母、轻物质、有机物、氯化物、硫化物及硫酸盐等有害物质,其限值应符合表 5.3.6 的规定。

表 5.3.6 机制砂中的有害物质限值

项 目	指 标		
	Ⅰ级	Ⅱ级	Ⅲ级
云母含量（按质量计，%）	<1.0	<2.0	<2.0
轻物质含量（按质量计，%）	<1.0		
有机物	合格		
氯化物（以 Cl^- 质量计，%）	<0.01	<0.02	<0.06
硫化物及硫酸盐含量（以 SO_3 质量计，%）	<0.5	<0.5	<0.5

5.3.7 机制砂的压碎指标应符合表 5.3.7 的规定。

表 5.3.7 机制砂压碎指标

项 目	指 标		
	Ⅰ级	Ⅱ级	Ⅲ级
单级最大压碎指标（%）	<20	<25	<30

5.3.8 用于配制桥梁桥面铺装面层的混凝土的机制砂，其母岩磨光值宜大于 35。

5.3.9 机制砂表观密度宜大于 2 500 kg/m³，松散堆积密度宜大于 1 400 kg/m³，空隙率宜小于 45%，机制砂混凝土容重宜为 2 350～2 550 kg/m³。

5.4 其他原材料

5.4.1 机制砂桥梁高性能混凝土不宜采用早强型的水泥，当需要采用时，应提交专题论证报告经主管部门论证批准后实施。

5.4.2 机制砂桥梁高性能混凝土的原材料计量精度应准确，特别是水和外加剂的计量设备应及时检查较定。

6 配合比设计

6.1 一般规定

6.1.1 混凝土的配合比设计应同时满足桥梁结构混凝土的力学性能、工作性能、体积稳定性能和耐久性能要求。

6.1.2 C20 及以上强度等级混凝土构件，配合比设计的主要指标宜符合下列规定：

1 混凝土用水量不宜大于 175 kg/m^3。

2 胶凝材料总量不宜大于 550 kg/m^3。

3 水胶比不宜大于 0.50。

4 砂率宜选用 37%～47%。

5 混凝土中可溶性碱总含量不宜大于 3.0 kg/m^3。

6 普通钢筋混凝土中氯离子总含量不应超过胶凝材料总量的 0.15%，预应力混凝土中氯离子总含量不应超过胶凝材料总量的 0.06%。

条文说明：

氯离子总含量指水泥、矿物掺合料、粗集料、细集料、水、外加剂等所含氯离子含量之和。

6.1.3 混凝土配合比应采用密实骨架堆积法进行集料组成设计，并试配确定外加剂的最佳掺量、最小用水量和胶凝材料用量，进行混合料的计算，通过反复试配和调整确定初步配合比。

6.1.4 机制砂等原材料进场后，应根据实验室提供的配合比进行现场试拌合调整，根据机制砂和粗集料含水量的变化调整实际用水量，根据机制砂的细度模数变化调整砂率。试配和调整的目标应为与实验室混凝土配合比设计的工作性能、力学性能等指标相符。

6.2 指标要求

6.2.1 混凝土拌合物的坍落度、扩展度、坍落度经时损失、凝结时间、压力泌水率等常用工作性能指标应符合表 6.2.1 的规定。同时，混凝土的包裹性能、抗离析性能、粘聚性能等应符合施工要求，不得泌水、离析、粘底，粘度适宜。

表 6.2.1　混凝土拌合物性能要求

技术指标	泵送	非泵送
坍落度（mm）	180~220	100~180
扩展度（mm）	≥450	≥350
1h坍落度损失（mm）	≤20	≤30
凝结时间（h）	满足施工要求	
压力泌水率（%）	<20	

6.2.2　机制砂桥梁高性能混凝土的干燥收缩和徐变应符合表 6.2.2 的规定。

表 6.2.2 干燥收缩和徐变指标要求

混凝土强度等级	干燥收缩率（×10⁻⁴）		360 d 徐变系数（7 d 加载）
	7 d	28 d	
≤C35	≤2.0	≤3.0	≤3.0
C40~C55	≤2.5	≤3.5	≤2.0
C60	≤3.0	≤4.0	≤1.8

条文说明：

桥梁工程混凝土强度等级高、胶凝材料用量大，易产生收缩裂缝，采用满足表 6.2.2 中 7 d、28 d 干燥收缩率指标的混凝土，可减少裂缝的产生。桥梁结构一般 7 d 张拉预应力，因此，机制砂桥梁高性能混凝土应以 7 d 加载时的 360 d 徐变系数作为判定指标，徐变系数越小，预应力损失越低。

6.2.3 机制砂桥梁高性能混凝土的耐久性宜符合表 6.2.3 的规定。

表 6.2.3 耐久性技术要求

技术指标		技术要求
早期抗裂（平板法）		Ⅲ级及Ⅲ级以上
碱集料反应		无
28 d 碳化深度（mm）（快速碳化法）	≤C35	≤15
	C40~C55	≤10
	C60	≤5
抗硫酸盐侵蚀（5%Na_2SO_4干湿循环）		≥KS120
抗氯离子渗透性	56 d 龄期的 6 h 总导电量（C）	≤1 000
	28 d 龄期氯离子扩散系数（cm/s）（RCM法） ≤C35	≤8.0×10^{-12}
	C40~C55	≤4.0×10^{-12}
	C60	≤3.5×10^{-12}
抗冻耐久性指数 K_m^*	严寒地区	≥0.80
	寒冷地区	0.60~0.79
	微冻地区	<0.60

$$K_{\mathrm{m}}^{*}=\frac{PN}{300} \qquad (6.2.3)$$

式中：K_{m}^{*}——混凝土的抗冻耐久性指数；

N——混凝土试件冻融试验进行至相对弹性模量等于 60% 时的冻融循环次数，该值通过试验实测取得；

P——参数，取 0.6。

6.3 配合比设计

6.3.1 机制砂桥梁高性能混凝土配合比设计时的试配强度应按式（6.3.1）确定。

$$f_{\mathrm{cu},0} \geqslant f_{\mathrm{cu,k}} + 1.645\sigma \qquad (6.3.1)$$

式中：$f_{\mathrm{cu},0}$——混凝土试配强度，MPa；

$f_{\mathrm{cu,k}}$——混凝土强度标准值，MPa；

σ——混凝土强度标准差，MPa，当无统计数据时，可按表 6.3.1 取值。

表 6.3.1 混凝土强度标准差 σ 值

混凝土强度标准值	≤C20	C25~C45	C50~C60
σ（MPa）	4.0	5.0	6.0

6.3.2 矿物掺合料掺量宜满足下列要求：

1 矿物掺合料掺量宜依据额定粉体材料用量法进行调整。

2 钢筋混凝土及预应力混凝土构件，矿物掺合料的掺量宜符合表 6.3.2 的规定。

表 6.3.2 矿物掺合料掺量

矿物掺合料种类	水泥品种	
	P·Ⅱ硅酸盐水泥（kg/m³）	普通硅酸盐水泥（kg/m³）
粉煤灰（F类Ⅰ级或Ⅱ级）	≤100	≤80
磨细粒化高炉矿渣粉	≤120	≤100
硅灰	≤50	≤50
复合矿物掺合料	≤120	≤100

3 采用复合掺合料时，各组分的掺量不宜超过相应组分单掺时的最大掺量。

4 无碳化深度和耐磨要求的桥梁构件，如大体积混凝土等，粉煤灰掺量不受表 6.3.2 的限制，其掺量应依据额定粉体材料用量法通过试验确定。

5 水泥混凝土作为桥面铺装面层时，其粉煤灰掺量不宜超过 40 kg/m³。

条文说明：

额定粉体材料用量法是通过对水泥、矿物掺合料、石粉进行浆体流变性能影响规律研究，包括浆体的塑性粘度、屈服应力等指标，建立不同水胶比下的流变性能曲线，分析粉体材料对粘度等指标的影响，确定混凝土达到最佳工作性能时的额定粉体材料用量和粉体材料各组分的相对用量。然后，依据设计的强度、体积稳定性和耐久性要求，确定粉体材料用量。

当采用相同原材料进行混凝土配合比设计时，各强度等级混凝土的粉体材料用量应为额定值。水泥用量较低时，可放宽机制砂中石粉含量或适当增加矿物掺合料掺量；水泥用量较高时，可降低机制砂中石粉含量或减少矿物掺合料，符合额定粉体材料用量要求，满足机制砂桥梁高性能混凝土的粘聚性、包裹性和耐久性能的要求。

6.3.3 机制砂桥梁高性能混凝土配合比的计算应符合下列规定：

1 混凝土配合比采用的机制砂应以饱和面干状态为基准。

2 粉煤灰（代表矿物掺合料）填塞机制砂时，最大比例堆积因子 α 应按式（6.3.3-1）计算：

$$\alpha = w_f / (w_f + w_s) \tag{6.3.3-1}$$

式中：w_f——粉煤灰的单位重量，kg/m^3；

w_s——机制砂的单位重量，kg/m^3。

3 以 α 比例的粉煤灰与机制砂填塞石子时，最大比例堆积因子 β 应按式（6.3.3-2）计算：

$$\beta = (w_f + w_s)/(w_f + w_s + w_a) \tag{6.3.3-2}$$

式中：w_a——石子的单位重量，kg/m^3。

4 最大单位重 U_w 应按式（6.3.3-3）计算：

$$U_w = w_f + w_s + w_a \tag{6.3.3-3}$$

5 最大单位重中的石子重 G 应按式（6.3.3-4）计算：

$$G = U_w(1-\beta) \qquad (6.3.3-4)$$

6 最大单位重中的机制砂重 S 应按式（6.3.3-5）计算：

$$S = U_w\beta(1-\alpha) \qquad (6.3.3-5)$$

7 最大单位重中的粉煤灰重 F 应按式（6.3.3-6）计算：

$$F = U_w\beta\alpha \qquad (6.3.3-6)$$

8 最小空隙率 V_v 应按式（6.3.3-7）计算：

$$V_v = 1 - (F/\gamma_f + S/\gamma_s + G/\gamma_a) \qquad (6.3.3-7)$$

式中：γ_f——粉煤灰的密度，kg/m^3；

γ_s——机制砂的密度，kg/m^3；

γ_a——石子的密度，kg/m^3。

9 混凝土中所需填塞和润滑的水泥浆量 V_p 应按式（6.3.3-8）计算：

$$V_p = V_v + s \times t = N \times V_v \qquad (6.3.3-8)$$

式中：s——集料表面积，m^2；

t ——包裹于集料表面的浆体厚度，m；

N ——水泥浆量的放大倍数。

10　N 值应经过多次试验满足工作性能、力学性能，保证耐久性和经济性后确定。

11　集料的用量 V_G 应按式（6.3.3-9）计算：

$$V_G = 1 - V_p \qquad (6.3.3\text{-}9)$$

12　集料用量调整应按式（6.3.3-10）~（6.3.3-12）计算：

$$W_s = \frac{V_G}{1/\gamma_s + (1-\beta)/[\gamma_a \beta(1-\alpha)] + \alpha/[\gamma_f(1-\alpha)]} \qquad (6.3.3\text{-}10)$$

$$W_a = (1-\beta)W_s/[\beta(1-\alpha)] \qquad (6.3.3\text{-}11)$$

$$W_f = \alpha W_s/(1-\alpha) \qquad (6.3.3\text{-}12)$$

式中：W_s——调整后机制砂的单位用量，kg/m³；

　　　W_a——调整后石子的单位用量，kg/m³；

　　　W_f——调整后粉煤灰的单位用量，kg/m³。

13　应依据强度和耐久性设定水胶比 λ，其取值宜符合表 6.3.3 的规定。

表 6.3.3 配合比设计参数表

强度等级	水胶比 λ	外加剂掺量（%）
C20	0.50～0.38	试验最佳掺量
C30	0.42～0.35	
C40	0.38～0.31	
C50	0.36～0.29	
C55	0.35～0.27	
C60	0.33～0.25	

14 水泥用量 W_c 应按式（6.3.3-13）～（6.3.3-15）计算：

$$V_p = W_w/\gamma_w + W_c/\gamma_c + W_f/\gamma_f \qquad (6.3.3\text{-}13)$$

$$W_w = \lambda(W_c + W_f) \qquad (6.3.3\text{-}14)$$

$$W_c = \frac{V_p - (\lambda/\gamma_w + 1/\gamma_f)W_f}{\lambda/\gamma_w + 1/\gamma_c} \qquad (6.3.3\text{-}15)$$

式中：W_w——水的单位用量，kg/m^3；

W_c——水泥的单位用量，kg/m³；

γ_w——水的密度，kg/m³；

γ_c——水泥的密度，kg/m³。

15 水用量 W_w 应按式（6.3.3-16）计算：

$$W_w = \lambda W_c + \lambda W_f \qquad (6.3.3\text{-}16)$$

条文说明：

水胶比宜采用 0.25～0.50，并随强度等级的提高而降低；降低水胶比时，必须限制水泥用量，不足的胶凝材料量用矿物掺合料补充。

6.3.4 机制砂桥梁高性能混凝土的高效减水、保塑增韧、减缩等复合功能减水剂的最佳掺量应根据施工和易性确定。

6.3.5 同一配合比用机制砂的细度模数变化范围不宜超过±0.2，石粉含量变化范围不宜超过±1.0%，否则应重新进行混凝土配合比的设计、试配和调整。

6.4 试配与调试

6.4.1 采用石粉含量较低的机制砂试配较低强度等级的混凝土时，宜采取下列一项或多项技术路线：

1 在减水剂中复配适量的羟丙基甲基纤维素醚或其他增粘组分。

2 适当提高砂率，但不得降低力学指标和增加收缩量。

3 提高矿物掺合料掺量或水泥用量。

条文说明：

机制砂石粉含量低，低强度等级混凝土胶凝材料用量少，混凝土粘聚性、包裹性差，因此，宜采取在减水剂中复配羟丙基甲基纤维素醚等增粘组分、适当提高砂率、提高矿物掺合料掺量或水泥用量的技术路线，提高混凝土的粘聚性和包裹性。当采用高分子量的纤维素醚时，其增粘效果明显，掺量较低，当采用低分子量的纤维素醚时，其增粘效果较差，宜适当提高掺量；增粘组分的合理掺量均应根据试验确定。

6.4.2 采用石粉含量超过 10% 的机制砂制备较高强度等级的混凝土时，宜采取下列一项或多项技术路线：

1 在减水剂中复配适量的降粘组分或引气组分，通过试验优化减水剂掺量，但混凝土含气量不宜超过 4%，有抗冻要求的混凝土，其含气量可适当提高。

2 根据拌合物状态适当降低砂率。

3 进行集料组成的优化设计，发挥集料的骨架作用，降低胶凝材料的用量。

条文说明：

机制砂石粉含量高，高强度等级混凝土胶凝材料用量多，混凝土粘聚性大、流动性差，因此，宜采取在减水剂中复配降粘组分或引气组分、适当降低砂率或降低胶凝材料掺量的技术路线，提高混凝土的流动性。当减水剂中复配引气组分时，无抗冻要求的混凝土，其含气量不宜超过 4.0%，避免降低力学性能。

6.4.3 当采用石粉含量为 10%~15% 的机制砂配制低强度等级混凝土时，宜符合下列要求：

1 高石粉含量的机制砂只能用于桩基、实心圆柱、盖板等简单构件，不得应用于钢筋混凝土箱型结构、大体积混凝土、桥面铺装整平层。

2 根据试配拌合物的工作状态，采取 6.4.2 条的技术路线进行优化调整。

3 采用石灰石岩轧制的机制砂，当用于配制硫酸盐侵蚀环境下的混凝土时，其石粉含量应满足相关标准的规定。

条文说明：

高石粉含量机制砂制备的混凝土收缩量大，只能用于桩基、实心圆柱、盖板等构件简单、混凝土强度等级较低的桥梁结构部位。

6.4.4 混凝土试拌应以本规程第 6.3.3 条计算的配合比为基准，结合 6.4.1 条～6.4.3 条调整的技术路线，通过试拌确定符合要求的配合比 3～5 个。

6.4.5 应按本规程第 6.4.4 条中不同配合比进行混

凝土力学性能和抗裂性能试验，优选出工作性能、力学性能和抗裂性能满足要求的一个或多个配合比，进行耐久性试验。

6.4.6 经试配确定配合比后，尚应按下列步骤进行校正：

1 混凝土拌合物的表观密度计算值 $\rho_{c,c}$ 应按式（6.4.6-1）计算。

$$\rho_{c,c} = m_c + m_f + m_s + m_a + m_w \quad (6.4.6\text{-}1)$$

式中：$\rho_{c,c}$——混凝土拌合物表观密度计算值，kg/m^3；

m_c——试配调整后水泥的用量，kg/m^3；

m_f——试配调整后矿物掺合料的用量，kg/m^3；

m_s——试配调整后机制砂的用量，kg/m^3；

m_a——试配调整后石子的用量，kg/m^3；

m_w——试配调整后水的用量，kg/m^3。

2 混凝土配合比校正系数 δ 应按式（6.4.6-2）计算：

$$\delta = \rho_{c,t} / \rho_{c,c} \quad (6.4.6\text{-}2)$$

式中：$\rho_{c,c}$——混凝土拌合物表观密度实测值，kg/m^3。

3 当混凝土拌合物表观密度实测值与计算值之差的绝对值不超过计算值的 2% 时,按本要求确定的配合比即为确定的设计配合比;当二者之差超过 2% 时,应将配合比中每项材料用量均乘以校正系数 ε,即为确定的设计配合比。

7 施 工

7.0.1 机制砂桥梁高性能混凝土施工前,应编制详细的施工组织设计,主要内容包括原材料来源、数量、质量、运输方式、堆放场地、拌合控制、浇筑、振捣、养护和过程调配等系列技术内容。

7.0.2 机制砂的质量应符合本规程的要求。机制砂的生产应编制详细的施工流程,主要包括母料的选择、开采方式、轧制设备、筛分工艺和环保措施等内容。

7.0.3 拌合时间应比天然砂混凝土延长 10~20 s,拌合时间宜为 60~120 s。

7.0.4 拌合时原材料的投放顺序宜为:粗集料→细集料→水泥→矿物掺合料→拌合水及减水剂。

7.0.5 取样检查混凝土工作性能宜取第 3 盘后的拌合物。

条文说明：

拌合初期，集料表面含水量较低，粉体材料、拌合浆体材料易粘附在传送带、拌合设备上。同时，材料计量尚待调整，因此，拌合物的工作状态与试拌相差较大，不宜作为检查混凝土工作性能的样品。

7.0.6 混凝土拌合过程中，应观察混凝土的拌合质量，当拌合物状态发生变化时，应及时取样检查坍落度、扩展度、坍落度经时损失等指标，并观察其包裹性能、抗离析性能、粘聚性能等。

7.0.7 当机制砂的质量不满足 6.3.5 条的要求时，应重新设计、试配混凝土配合比。当施工环境温度发生较大变化时，应适当调整外加剂保塑缓凝组分比例。

7.0.8 当运至现场的混凝土发生离析时，浇筑前应在混凝土中掺加适量增粘组分并进行第二次拌合。

7.0.9 当确有必要调整混凝土的坍落度时,严禁向运输车内添加计量外用水,必须在专职技术人员指导下,通过试验确定卸料前加入减水剂的掺量和拌合时间,并应做好记录。

7.0.10 机制砂桥梁高性能混凝土外露面一般应采用保水养护,或者覆盖保水性较好的厚型塑料薄膜覆盖养护,拆模后应采用喷淋、均匀洒水养护,养护时间应大于 5 d。

7.0.11 养护期内喷淋养护水温与混凝土表面温度相差不宜超过 ±5 ℃。

7.0.12 当环境温度低于 5 ℃时,宜采用蒸汽进行保温保湿养护。

8 质量验收

8.0.1 轧制机制砂的母料的饱和抗压强度与混凝土设计强度等级之比不应小于 1.25,母料的饱和抗压强度不应小于 50 MPa。

8.0.2 生产机制砂的岩石或卵石的泥块含量、杂物等杂质含量不得超过 1%。

8.0.3 拌合站用于混凝土拌合的减水剂的减水率等性能应稳定。

8.0.4 机制砂桥梁高性能混凝土质量检查与验收应满足表 8.0.4 的要求,表中纤维素醚指高分子量的类型,当采用低分子量的纤维素醚时,其掺量变化的容许值应根据试验确定。

表 8.0.4 混凝土质量检查和验收指标要求

序号	检验项目	检验内容		抽检频率	容许值	检验方法
1	机制砂	细度模数		每批	±0.2	筛分法
2		级配		每批	满足级配范围	筛分法
3		石粉含量(%)		每批	±1.0	水洗法
4		泥含量(%)		每批	±0.1	亚甲蓝法
5	减水剂	减水率(%)		每批	±1.0	委托有资质的单位完成
6		纤维素醚(‰)		每批	±0.05	
7		降粘组分(%)		每批	±1.0	
8		引气组分(‰)		每批	±0.05	
9	工作性能	初始坍落度(mm)	泵送	每班	≥160	坍落度筒检测
			非泵送		≥140	
10		初始扩展度(mm)	泵送	每班	≥450	
			非泵送		≥350	
11		坍落度经时损失(mm)		每班	≤30	
12	力学性能	抗压强度(MPa)		每班	不小于设计强度等级	抽取试件法和钻芯取样法
13		抗折强度(MPa)				抽取试件法
14		弹性模量(MPa)		同一构件	大于设计弹性模量的0.95	抽取试件法
15	成品外观	裂缝(mm)		每构件	无	裂缝监测仪
16		表观质量		每构件	无砂线、漏浆,色泽均匀等	观察

8.0.5 机制砂桥梁高性能混凝土的验收资料与程序应符合相关规范的规定。